MW01003969

Made in the USA
Middletown, DE
12 November 2023

42445091R00073